CONFÉRENCES

SCIENTIFIQUES ET LITTÉRAIRES

A l'Hôtel-de-Ville de Versailles.

M. NOËL.

DE LA

TRAGÉDIE NATIONALE

EN FRANCE.

Cette Conférence a eu lieu le Lundi 26 Février 1866.

VERSAILLES

IMPRIMERIE DE E. AUBERT,

6, avenue de Sceaux.

1866

CONFÉRENCE

Faite à l'Hôtel-de-Ville de Versailles, le 26 Février 1866,

PAR M. A. NOËL.

DE LA

TRAGÉDIE NATIONALE

EN FRANCE.

MESDAMES ET MESSIEURS,

On entend à chaque instant répéter de nos jours, sur le ton de la plainte ou du triomphe, cette phrase péremptoire : « La tragédie est morte ! » — Quelques-uns même se demandent si elle a jamais vécu. « La tragédie est morte ! et toutes « les tentatives des hommes de talent qui s'obstinent au culte « du passé ; les efforts, les triomphes même des Legouvé, des « Ponsard ne la ressusciteront pas. — Les applaudissements « énergiques qui retentissent chaque soir autour du *Lion* « *amoureux* ont paru la secouer de sa torpeur funèbre ; mais « c'est du galvanisme, et le galvanisme peut donner l'appa- « rence de la vie à des cadavres. Malgré tout, la tragédie reste « couchée dans son linceul ; — celui qui doit lui dire : lève-toi « et marche ! n'a pas encore paru »

Et d'abord, est-il bien utile qu'elle se lève et qu'elle marche ? Est-ce la peine de la ressusciter, et les courageux élans des fidèles qui cherchent à ranimer cette flamme que d'autres soutiennent éteinte, seraient-ils payés suffisamment par le succès ? C'est ce que vous me permettrez d'examiner avec vous.

Ah ! sans aucun doute, si l'on entend par tragédie une œuvre pompeuse et déclamatoire, nourrie de lieux-communs et triomphant dans la périphrase, une de ces compositions artificielles, où le sens absent cherche à se faire remplacer par de grands mots et d'ambitieuses tournures ; si la tragédie est une maison d'asile pour les formules surannées, les périodes vides et les termes de convention ; si la tragédie est un garde-meuble où doivent trouver abri les histoires vieillies et sans intérêt, les sentiments anachroniques, enveloppés de bagatelles sonores ; si la tragédie est une sorte d'hôpital et de refuge pour les *trépas*, les *coursiers*, les *flambeaux de l'hymen*, les *guerriers*, rimant avec les *lauriers*, comme le disait l'autre jour M. Mézières, un des spirituels professeurs de la Sorbonne ; si telle est la tragédie (et beaucoup de gens ne se la figurent pas autrement), oh ! alors, peu nous chaut que la tragédie soit morte. Qu'elle dorme en paix, et que les pierres du monument, jadis théâtre de sa gloire, que les pierres du monument où les énergies sublimes de Corneille, les plaintes attendrissantes de Racine ont été remplacées un soir par l'argot du bal masqué, soient légères à sa cendre ! Ce n'est pas nous qui voudrons gratifier d'une larme de regret son repos éternel.

Mais si la tragédie, au contraire, est, comme je le crois, Messieurs, une des manifestations les plus éminentes de l'esprit humain ; si elle servait de cadre splendide aux développements des sentiments les plus sublimes, si elle ennoblissait en quelque sorte la pensée, en lui prêtant le secours d'une forme héroïque, d'un langage propre, non-seulement à reproduire les émotions les plus touchantes et les plus élevées, mais à les grandir, à les doubler ; si ses mâles accents ou ses gémissements généreux nous arrachaient à la trivialité de tous les jours, si nous sortions d'avec elle et meilleurs et plus hauts, si elle doit emporter dans les plis de sa robe de pourpre les jouissances les plus nobles et les plus fécondes de l'art, oh ! alors, ne nous félicitons point tant de ce mouvement qui paraît nous entraîner loin d'elle ; ne nous glorifions pas d'une délivrance apparente qui semble nous débarrasser de quelques phrases prétentieuses, des *accents de Mars*, des *fruits de Cérès*, de *la liqueur de Bacchus*, des *feux de l'amour*, mais qui nous fait, en réalité, descendre de ce ciel où l'âme humaine planait au dessus des vulgarités de la vie ; envions le sort de nos pères, dont le cœur battait aux vers enchanteurs de Racine, tressaillait aux situations fortes et pathétiques, combinées par le génie de Corneille, ou plutôt, gardons-nous de désespérer en face du nuage qui voile pour quelques instants le soleil, la tragédie ne périra pas ; le drame vulgaire, forcené, trivial, épileptique ne la remplacera pas pour toujours ; les caricatures du réalisme n'ont pas porté le coup de la mort aux statues immortelles de Praxitèle et de Phidias.

Mais, en attendant le réveil, le sommeil n'est pas douteux, et parmi les raisons qu'on en donne, il en est une qui m'a semblé digne de votre intérêt. Le reproche le plus grave qu'on adresse à la tragédie française, la cause de sa mort, si l'on en croit le langage de ses ennemis, c'est qu'elle n'a pas été *nationale*. Détournée de la voie du patriotisme, elle s'est jetée dans les bras des Grecs et des Romains ; au lieu de nous montrer sur la scène les Gaulois de Vercingétorix, les Francs à la lèvre ombragée de leurs moustaches fauves, les chevaliers quittant le manoir paternel et la dame de leurs pensées pour aller guerroyer outre-mer ; au lieu de nous faire assister à l'émancipation des bourgeois des communes, de nous montrer les luttes et les discours d'Etienne Marcel qui devait, quatre cents ans plus tard, s'appeler Mirabeau ; au lieu de nous raconter les discordes civiles des frères désunis par les querelles religieuses ; au lieu de nous retracer enfin les convulsions héroïques, les exploits et les crimes de cette révolution qui commençait, pour la France, une vie nouvelle, elle s'est obstinée à rester étrangère ; elle s'est traînée *sur les malheurs de cette race d'Agamemnon qui ne finit jamais*; il semble qu'elle aît voulu continuer l'ancien régime, séparer la France en deux castes : celle des ignorants et des gens instruits, des simples et des délicats ; elle a porté la peine de son obstination, et comme la France, en littérature ainsi qu'en politique, tendait à l'unité, ne voulait plus ni nobles ni manants de lettres, la tragédie a sombré dans l'abîme.

Vous voyez, Messieurs, que je fais la part bien belle à l'objection, me réservant tout à l'heure de n'en pas laisser trace dans vos esprits. Que nous importait en réalité, nous a-t-on dit, qu'Iphigénie fût immolée pour le salut de la flotte des Grecs ? Quel intérêt pouvions-nous prendre à la passion de Phèdre pour le fils de Thésée ? Qui peut se réjouir du pardon accordé par Auguste à Cinna, et l'amour de Néron pour la fiancée de Britannicus est-il capable de nous émouvoir ?

« C'est dans notre histoire, écrivait hier encore un illustre « philosophe, c'est dans notre histoire que nos poètes auraient « dû chercher leur inspiration. Jamais Corneille ni Racine « n'ont pris le sujet de leurs tragédies dans l'histoire de « France. Voltaire lui-même, l'auteur de la *Henriade* et de « *Tancrède*, a cherché des sujets jusqu'en Chine au lieu de les « prendre à côté de lui. Ne pensez-vous pas, ajoute M. J. Si- « mon, que si nous avions eu un poète vraiment *national*, « notre patrie serait mieux connue et plus aimée (1) ? » Cette dernière phrase soulève un nouveau problème qui n'est pas de notre sujet et sur lequel je me permettrais de présenter une autre solution que celle de mon ancien maître ; mais revenons à notre tragédie : on l'accuse donc de n'avoir pas voulu, de n'avoir pas su peut-être devenir *nationale*.

Expliquons-nous sur ce point, et cherchons d'abord ce qu'est la tragédie, et comment nous devons la définir. La tragédie n'est point une composition historique, un récit d'événements vrais ou légendaires ; l'histoire en est la forme extérieure et n'en est pas le fond. La tragédie a de com-

(1) *Préface de la Reine noire.*

mun avec toutes les compositions dramatiques qu'elle est un produit de cet âge avancé de la civilisation où l'homme déjà curieux, raisonneur, analyste, veut voir de ses propres yeux le mouvement des passions humaines ; il ne se contente plus d'entendre narrer les actions, il veut les voir se produire, naître au dehors avec toutes les combinaisons du mécanisme moral; il veut toucher les causes, examiner les ressorts, assister au développement progressif des conséquences; la tragédie a donc de commun avec tous les drames, qu'elle est la peinture vivante, animée par la présence, le dialogue des personnages, du jeu de leurs passions ; mais elle se distingue du drame en ce que les passions chez elle sont en quelque façon agrandies, épurées, en se mouvant dans une sphère plus haute ; en ce qu'elles prennent un caractère plus noble en échauffant les cœurs d'hommes placés par leur rang, leurs dignités, leurs exploits au-dessus du vulgaire. L'ambition, le dépit, l'amour, la jalousie, la colère, le patriotisme se retrouvent dans l'âme de chacun de nous, mais ils prennent d'autres couleurs, d'autres attitudes, quand ils inspirent les paroles ou la conduite de ceux qui sont chargés des intérêts d'un peuple tout entier, quand ce ne sont pas seulement des avantages privés qui sont en question dans le débat, mais bien la destinée des nations. De même, permettez-moi cette comparaison, que la démarche, les gestes, les cris naturels ne cessent pas de l'être lorsque nous les considérons chez les personnages supérieurs à qui leur situation impose une retenue, une convenance particulières, mais revêtent une apparence de grandeur et de noblesse au-dessus du commun ; de même aussi la tragédie épure en quelque sorte les passions, les agrandit, les idéalise, les met en rapport avec le milieu dans lequel vivent ses personnages. Elle ne défigure pas l'âme humaine, elle la transfigure, et de là son effet essentiellement utile et moral.

Non, le geste du paysan qui vient d'écraser une vipère dans son champ n'a pas le rhythme et l'harmonie du Dieu vainqueur de Python ; la physionomie et les convulsions du sauvage mordu par une bête fauve dans le désert, n'ont pas l'expression solennelle du Milon de Crotone déchiré par le lion dont les dents cruelles lui font expier son orgueil.

S'il en est ainsi, qu'importent les événements et les faits réels à une œuvre d'art si fort au-dessus des conditions ordinaires, non pas de l'humanité, mais des hommes? que me fait à moi, spectateur de la douleur d'un père, forcé d'immoler sa fille à la gloire ou au salut de son peuple, que le personnage s'appelle Agamemnon ou Jephté? que m'importe à moi qui veux jouir du tableau de l'ambition dont les conséquences terribles entraînent une nation tout entière, que l'ambitieux se nomme Cinq-Mars ou Séjan? Je ne demande qu'une chose à l'auteur, c'est de me remuer profondément, et de me moraliser en même temps par un tableau vrai des tempêtes et des ravages que produisent ces mêmes passions. Il n'a qu'un devoir à remplir, c'est de rester vivant, c'est de ne pas subtiliser par trop son œuvre, de ne pas guider son vol si haut qu'il perde de vue la terre, de ne pas, en voulant généraliser, arriver à l'abstraction, de ne pas oublier, comme le dit excellemment notre Molière :

> Que nous avons un corps tout aussi bien qu'une âme.

Pour atteindre ce but, je n'en disconviens pas, le choix du sujet et des personnages dans les événements qui nous touchent de près par la place ou par le temps peut n'être pas indifférent; les épisodes qui serviront de corps à cette âme de la tragédie augmenteront l'intérêt, s'ils sont empruntés à notre histoire *nationale*; mais la chose vraiment essentielle, c'est que l'âme elle-même ne nous soit point étrangère, c'est que les sentiments, les passions, la vie qui circuleront sous cette enveloppe soient véritablement nôtres. Vous auriez beau faire résonner à mes oreilles les noms familiers de Clovis, de Charlemagne, de Louis IX, de Jeanne-d'Arc, de François Ier, d'Henry IV, de Louis XIV, si ce n'est pas nos émotions vraies, notre vie moderne qui fasse vivre ces personnages, vous me laisserez froid et vous n'aurez pas fait de la *tragédie nationale*. Vous pouvez au contraire aller choisir le Cid en Espagne,

Phèdre dans Trézène, Athalie chez lse Juifs ; si malgré les noms anciens ou étrangers, vous nous saisissez de passions vraies et qui nous soient propres, vous aurez mille fois mieux réussi qu'en cherchant à débaucher notre curiosité et notre attention par des titres trompeurs et par le mirage de l'histoire.

Voyons donc, Messieurs, si nos grands auteurs tragiques se sont écartés de cette loi ; si, dans le vrai sens du mot, ils n'ont pas fait de tragédies *nationales ;* si, comme on les en accuse souvent, ils ont négligé de suivre la route que leur avaient tracée les Grecs leurs devanciers, ces Grecs qu'on leur reproche tantôt d'avoir trop imités, tantôt de n'avoir pas imités d'assez près. Et, d'abord permettez-moi quelque retour sur l'origine et les chefs-d'œuvre de la tragédie chez les Grecs. Cette courte excursion nous fera mieux comprendre ce que nous avons fait après eux. La plupart d'entre vous, Messieurs, familiers avec ces détails de l'histoire des lettres, les trouveront peut-être ici superflus, mais les dames les connaissent moins (nous n'avons pas, que je sache, de bachelières à Versailles, on n'y serait pas embrassé pour l'amour du grec) ; par conséquent la moitié de mon auditoire peut ignorer la naissance et les développements de la tragédie chez les Grecs.

L'origine de la tragédie grecque est toute religieuse et toute populaire ; c'est en plein soleil, à la face du peuple athénien que, pendant les fêtes de Dieu des vendanges, on chantait ces hymnes qui racontaient les exploits des héros et des divinités de la Grèce.

Du plus habile chantre un bouc était le prix.

Prix bien minime, si nous le comparons aux droits d'auteur de nos jours, et qui pourtant ne laissait pas d'exciter l'émulation et d'enflammer le génie. Bientôt on se plut à voir en action ces faits, ces glorieux combats racontés dans les chants du poète ; les personnages et les dialogues s'introduisirent dans ce qui n'était qu'un simple chœur de musique et de danse. Laissez prendre au drame un pied chez vous, il en aura bientôt pris quatre : telle est la puissance et la vivacité de son intérêt sur l'âme humaine! le chœur était encore son égal avec Æschyle, il commençait à céder devant les scènes sublimes de Sophocle, Euripide le rejette tout à fait au second plan et commence ainsi la décadence de la tragédie.

L'origine de la tragédie grecque était donc religieuse, et comme la religion faisait partie intégrante de la vie du monde antique, les sujets étaient essentiellement des sujets *nationaux.* D'ailleurs, il faut ici faire une observation et tenir compte d'une grande différence entre la Grèce et le monde moderne. Comment les auteurs auraient-ils pu prendre leurs sujets ailleurs que dans leur histoire nationale, puisqu'ils n'en connaissaient pas d'autres? Autour d'eux la barbarie : le monde n'existait pas en dehors de ce petit coin de terre, privilégié du ciel, où naquirent et fleurirent à la fois toutes les sciences et tous les arts. L'absence des communications entre les différentes parties du globe contraignait les peuples de la Grèce à vivre chez eux et par eux. Conçoit-on qu'ils aient pu emprunter le sujet de leurs compositions dramatiques à des histoires qui leur étaient inconnues? toutefois ils avaient si bien le sentiment que la tragédie, pour être vraiment belle, pour se tenir à la hauteur de sa nature, doit s'abstraire de la réalité trop présente, et vivre dans une sphère de généralisation sublime, qu'ils en plaçaient les sujets à des époques éloignées, où l'idéalisation de la légende remplaçait par l'éloignement du temps cette vénération qu'ils ne pouvaient demander à l'espace. Les poètes athéniens, non contents de sortir le plus possible d'Athènes, en mettant à contribution Thèbes, Argos ou Mycènes, choisissaient les événements dont ils étaient déjà séparés par six siècles de distance; ils remontaient même plus loin encore, et c'était la lutte mythique des Titans et des Dieux qui leur servait de cadre pour présenter aux spectateurs du ve siècle avant notre ère le développement solennel des sentiments et des passions que rapetissent nécessairement l'actuel et le contemporain : *Major e longinquo reverentia.*

S'agissait-il de représenter la constance de l'homme inébranlable sous les coups de la destinée, et opposant à toutes ses rigueurs son indomptable dignité, on n'allait pas choisir quelque général contemporain frappé par l'ostracisme, ou Socrate buvant avec un calme intrépide la coupe empoisonnée par l'ignorance et l'hypocrisie ; non : dans les brouillards des âges, dans la nuit des temps légendaires, on retrouvait Prométhée, le grand proscrit du ciel, cloué sur un roc neigeux par la Force et la Violence, endurant sans daigner pousser une plainte, en face de ses bourreaux, les tortures les plus atroces, et, dès qu'il se trouve seul, exhalant sa plainte et prenant à témoin la nature entière de l'injustice du nouveau souverain du ciel : « O ciel ! ô terre ! ô flots de la mer ridés par l'éternel « sourire des vagues ! venez voir enchaîné dans ces liens de « fer, percé de ces clous sanglants le bienfaiteur des hommes, « l'indomptable ennemi de la tyrannie de Jupiter ! »

Ce n'était pas à l'histoire contemporaine qu'Æschyle et Sophocle allaient demander le sujet de leurs tragédies. Ils remontaient à la guerre de Thèbes, à l'expédition de Troie, pour chercher leurs personnages, grandis par l'éloignement, comme les acteurs eux-mêmes l'étaient par le costume, et c'étaient les malheurs d'Œdipe, les crimes des Atrides, qui soulevaient dans l'âme des Athéniens la douleur, la pitié, l'admiration, la colère ou l'enthousiasme. Ces poètes sublimes avaient compris d'instinct, car dans cette Grèce merveilleuse, l'art était né d'inspiration et le génie semblait la fleur naturelle d'un sol béni des dieux ; ces poètes, dis-je, avaient compris que l'événement du jour, les personnages que l'on pouvait voir et toucher, n'avaient pas la grandeur nécessaire à l'effet tragique et que l'ombre augmente et s'allonge à mesure que les objets s'éloignent de la lumière. Un jour pourtant, Æschyle osa mettre sur le théâtre un fait récent, et représenter la bataille de Salamine devant des spectateurs dont le plus grand nombre portait les cicatrices des blessures reçues dans cette lutte héroïque de la liberté contre le despotisme, de la civilisation contre la barbarie. Mais la bataille de Salamine était un de ces événements gigantesques qui dépassent en quelque sorte les proportions ordinaires de l'histoire : on en pouvait dire comme on le dit de certains hommes pour qui la postérité commence de leur vivant, qu'il appartenait non pas à tel moment ou à tel peuple, mais à l'humanité toute entière : c'était une de ces batailles qui font époque dans l'histoire de l'univers, à tel point que, selon l'expression de la Boëtie, la mémoire en est de nos jours aussi fraîche que si *c'eust été l'autre hier qu'elle fut donnée en Grèce pour le bien de Grèce et l'exemple de tout le monde.* Et encore le poète avait-il le soin de transporter son public à la cour du roi de Perse, et non pas sur la place d'Athènes : c'étaient les gémissements d'Atossa, la mère de Xerxès, qu'on entendait retentir, et non les cris de victoire des Athéniens : c'était Xerxès lui-même qui déchirait ses vêtements, et non pas Thémistocle rentrant glorieux dans cette ville dont les ruines fumaient encore de l'incendie allumé par l'héroïsme de ses citoyens. L'éloignement des lieux suppléait à l'effet que produit l'éloignement des âges.

Une autre observation non moins importante, et qui nous aide à comprendre une des conditions nécessaires de la composition tragique, à marquer sa supériorité sur le drame, c'est que jamais les individus n'occupaient la première place ; l'individu n'était que l'accessoire ; le personnage important, c'était une nation, une ville entière dont la destinée était compromise par les passions individuelles qui prenaient par là même des proportions héroïques et gigantesques. Le chœur toujours en scène, toujours sur le premier plan, attirait à lui l'intérêt principal et dominant. Agamemnon, Egysthe, Oreste ou Clytemnestre tiennent dans leur cœur et déterminent par leurs malheurs ou leurs crimes le sort de Mycènes et d'Argos. La fatalité qui poursuit Œdipe et sa famille décide moins du sort des individus que de la destinée de Thèbes. Prenons pour exemple le chef-d'œuvre immortel de Sophocle, le triomphe, acclamé par tous les âges, de la tragédie antique.

Le théâtre représente dans le fond un palais ; à droite et à gauche deux autels ; sur les marches sont groupés, dans une attitude de supplication et de souffrance, les habitants de la ville de Thèbes, des enfants, des jeunes gens, des vieillards, qui font retentir l'air de leurs gémissements et de leurs plaintes. A ce bruit Œdipe parait : « Que me voulez-vous, mes

« enfants? pourquoi ces plaintes qui sont parvenues jusqu'à « mon oreille. — Seigneur, sauvez-nous! nous périssons; « un fléau désastreux s'est abattu sur la ville, tout périt, les « fruits dans le calice des fleurs, les troupeaux dans les pâ- « turages, les enfants dans le sein de leur mère. La peste dé- « vore la ville de Cadmus. — Oh! mes enfants, je souffre « plus que vous de vos douleurs, croyez que mon unique « souci est de vous soulager. J'ai déjà envoyé consulter les « dieux pour trouver un remède à ces maux. »

Et voilà qu'on aperçoit dans le lointain le messager qui revient de Delphes et apporte la réponse d'Apollon.

Thèbes expie en ce moment un grand crime, son roi Laïus est tombé sous les coups des assassins : et sa mort n'est pas encore vengée.

C'est à découvrir le meurtrier qu'Œdipe emploiera tous ses efforts.

Il prononce les plus terribles malédictions qui bientôt hélas! retomberont sur sa tête.

Peu à peu les indices arrivent de toutes parts. Le malheureux prince découvre qu'il est lui-même ce meurtrier qu'il avait maudit. Chose plus affreuse encore! la victime était son père. Enfin, comble d'horreur! il a souillé le lit de sa propre mère et les enfants qu'il caressse sont les fruits de cette horrible hymen.

Meurtrier, incestueux, sans le savoir, sans le vouloir, quelle n'est pas l'horreur de sa destinée?

Et le peuple assiste à toutes ces découvertes, à toutes ces péripéties; triste quand la lumière tarde à luire, joyeux quand le jour commence à se faire, et frappé de terreur par les affreuses révélations qu'il entend.

Mais enfin, le doute n'est plus permis : Jocaste, mère et femme d'Œdipe, a mis fin à ses jours. Œdipe lui-même s'arrache les yeux et revient tout sanglant sur le théâtre pour prendre le chemin de l'exil.

Il va servir de victime expiatoire au courroux des dieux, et la ville est sauvée! Tout en accompagnant le roi de sa compassion, le chœur termine la pièce, comme il l'avait commencée : c'est la peste de Thèbes qui formait l'intérêt, c'est la délivrance de Thèbes qui doit en être le dénouement.

Telle est, Mesdames et Messieurs, la généralité qui constitue la grandeur de la tragédie : le cœur d'un individu sous nos yeux, mais un cœur rempli de passions dont l'objet est plus élévé, plus vaste que l'intérêt individuel.

Même quand les poètes Grecs semblent manquer à cette loi de l'art, l'observateur attentif l'y retrouve toujours : Ajax et Philoctète ne représentent pas les malheurs ou le ressentiment opiniâtre d'un seul homme ; le premier personnifie en lui la lutte du droit contre la ruse et la force qui l'écrasent ; et les destinées de la Grèce conjurée contre l'Asie sont attachées à la résolution du blessé de Lemnos.

Bien que jamais les Grecs n'aient imaginé de montrer sur le théâtre l'histoire réelle et présente, comme nous semblons le réclamer aujourd'hui, nul ne s'est avisé de prétendre que chez eux la tragédie ne fut pas *nationale :* comme je vous le disais, au contraire, il y a quelques instants, on a blâmé nos grands tragiques de s'être montrés infidèles sur ce point dans leur imitation.

Reproche bien mal fondé : car si nous voulons examiner les origines de la tragédie ou, pour parler plus exactement, de la composition théâtrale dans notre pays, nous y trouvons comme dans l'antiquité la source et l'inspiration religieuses. Depuis l'année 1380 où plusieurs anonymes représentèrent en quatre journées le *Mystère de la passion*, jusqu'au milieu du XVIe siècle, c'est la *Bible*, l'*Évangile*, *la Vie des Saints*, le *Martyrologe* qui fournissent les sujets de toutes les compositions dramatiques. C'est le *Mystère de la Résurrection*, en 1400 ; c'est le *Mystère des Actes des Apôtres*, par Simon et Arnoult Gréban, en 1450 ; c'est la *Patience de Job*, en 1478 ; c'est la *Moralité du mauvais riche et du ladre*, en 1500 ; c'est le *Mystère de l'Apocalypse*, par Louis Choquet, en 1541 ; c'est la *Nativité de J.-C.*, par Marguerite de Valois, en 1545. J'ai pris au hasard à des époques assez éloignées dans la table des frères Parfaict, et vous voyez se continuer et se reproduire partout le même caractère. Quel rapport ce choix peut-il avoir avec notre assertion? en quoi prouvons-nous jusqu'ici la tragédie *nationale*. Mais vous savez bien, Messieurs, que durant cette période, la plus chère et la plus étroite patrie, c'était l'église ; le drapeau le plus sacré, c'était la croix. Les idées religieuses étaient l'âme même de notre France ; si la division politique creusait des abîmes entre le Picard, le Languedocien, le Gascon et le Normand, la foi réunissait dans un même élan les gens de toute province pour les lancer ensemble au cri de Dieu le veut ! vers le tombeau du Sauveur. Si la patrie commune commence à se révéler vers la fin de la guerre de cent ans, si la France pousse son premier cri par la bouche de Jeanne-d'Arc, c'est que la vierge de Domremy réunit Provençaux, Flamands, Bourguignons et Champenois sous l'étendard bénit de la reine du ciel. Mettre devant les yeux des spectateurs les épisodes gracieux ou terribles, mais toujours sublimes de la vie de Jésus-Christ ; les dévouements des saints martyrs que tous acceptaient comme leurs héros, sans demander sous quel climat ils avaient vu le jour ou versé leur sang : c'était donc faire vraiment de la tragédie *nationale*. Parfois aussi les auteurs plus hardis mêlaient à l'histoire sainte les aventures de la chevalerie (1). Mais ne croyez-pas qu'on se fît scrupule d'aller choisir un personnage étranger au pays de l'auteur et des spectateurs. La chevalerie était aussi une patrie : c'était un ensemble d'idées et de sentiments communs à tous les peuples de l'Europe alors vivante ; on ne demandait pas au personnage d'être Allemand, Français, Espagnol, Italien. Qu'il s'appelât Godefroy, Baudouin, Thibaud, Tancrède ou Renaud, il était chevalier : voilà sa nation ; il fallait, et c'était la seule condition pour intéresser le théâtre, qu'il préférât à la vie, *son Dieu, sa Dame* et *son Roi*.

Vous le voyez dès lors, Messieurs, l'intérêt tragique n'est pas une question de climat et de latitude ; ce sont les idées et les sentiments, âme de la tragédie, qui réclament de n'être

(1) *Triomphe des Normands* ou *de l'Immaculée Conception* ; par Tasserie. 1518.

pas étrangers pour ceux devant qui le poète les expose et les développe.

Vers le milieu du XVIe siècle, aux sentiments religieux vient se joindre une idée nouvelle. La découverte des chefs-d'œuvre de l'antiquité, leur diffusion par le moyen de l'imprimerie enflamment les esprits d'une fièvre d'érudition qui s'en empare et les possède, au point que la vie semble s'être réfugiée tout entière dans l'amour et l'enthousiasme pour les souvenirs des Grecs et des Romains, au point que les événements les plus intéressants pour les hommes de cet âge ne sont pas les faits de leur propre histoire, mais bien ceux qu'avaient chantés plusieurs siècles avant eux les Homère, les Ovide et tous les grands poètes de la Grèce et de l'Italie. L'érudition, le culte de l'antiquité constitue donc un milieu d'idée et de sentiments, une patrie nouvelle, et les tragédies, en remettant sous les yeux les exploits des héros antiques, ont une physionomie, une inspiration *nationales.* Par l'étude et la science, Cléopâtre, Didon, Médée, Sophonisbe, Lucrèce, Porcie, Agamemnon, Antigone, Hercule, Polyxène, sont devenus les compatriotes des hommes du XVIe siècle ; aucune de ces aventures ne les laisse indifférents ; ils souffrent de leurs passions, ils vivent de leur vie ; pour Marot, pour Ronsard, pour Rabelais, pour Montaigne, Agamemnon est à coup sûr un compatriote plus connu, plus intime, plus sympathique que Childebrand.

Laissons couler quelques années, et le public restera froid devant le spectacle de la vie antique, représentée avec une fidélité trop servile. La traduction presque littérale des chefs-d'œuvre d'Æschyle, de Sophocle ou d'Euripide n'offrira plus le même intérêt à des âmes où ne brûlera plus la même ardeur pour cette érudition dont jusqu'alors on avait été transporté. Qu'arrive-t-il donc ? c'est que, tout en conservant les noms anciens, consacrés par le respect des siècles et le génie des premiers chantres, nos véritables poètes tragiques vont faire couler dans les veines de ces héros le sang de la vie moderne. Ne vous y trompez pas : vous avez sous les yeux des noms anciens, mais les sentiments seront tout français, et les personnages de Corneille et de Racine seront imprégnés d'une sève vivante et féconde. C'est là ce que je prétends vous prouver par des exemples, mille fois plus saisissants qu'une lourde et sèche démonstration. Oui, Messieurs, la tragédie du XVIIe siècle est véritablement *nationale* ; oui, Messieurs, dans le *Cid*, le *Cid* héros espagnol du XIe siècle, vous sentirez palpiter l'honneur chevaleresque, l'honneur chrétien de la France moderne, toutes les délicatesses de l'amour, tous les dévouements que les siècles antérieurs avaient à peine soupçonnés. Ecoutez le vieux D. Diègue, et dites-moi si le sentiment paternel élevé par l'Évangile, si le patriotisme, si l'orgueil de la dignité personnelle, si le respect de la royauté, ce culte de la France avant 1789, ont trouvé jamais des accents plus sublimes et plus vrais :

Qu'on est digne d'envie,
Lorsqu'en perdant la force on perd aussi la vie !
Et qu'un long âge apprête, aux hommes généreux,
Au bout de leur carrière, un destin malheureux !
Moi, dont les longs travaux ont acquis tant de gloire,
Moi que jadis partout a suivi la victoire,
Je me vois aujourd'hui, pour avoir trop vécu,
Recevoir un affront et demeurer vaincu...
Sire, ainsi, ces cheveux blanchis sous le harnois,
Ce sang, pour vous servir, prodigué tant de fois,
Ce bras, jadis l'effroi d'une armée ennemie,
Descendaient au tombeau tout chargés d'infamie,
Si je n'eusse produit un fils digne de moi,
Digne de son pays, et digne et de son roi !
Il m'a prêté sa main, il a tué le comte,
Il m'a rendu l'honneur, il a lavé ma honte.
Si montrer du courage et du ressentiment,
Si venger un soufflet mérite un châtiment,
Sur moi seul doit tomber l'éclat de la tempête :
Quand le bras a failli, l'on en punit la tête.
Qu'on nomme crime ou non, ce qui fait nos débats,
Sire, j'en suis la tête, il n'en est que le bras.
Si Chimène se plaint qu'il a tué son père,
Il ne l'eût jamais fait, si je l'eusse pu faire.
Immolez donc ce chef que les ans vont ravir,
Et conservez pour vous le bras qui peut servir.

Aux dépens de mon sang, satisfaites Chimène,
Je n'y résiste point, je consens à ma peine;
Et loin de murmurer d'un rigoureux décret,
Mourant sans déshonneur, je mourrai sans regret.

(Acte II, Sc. 8.)

On serait peut-être disposé à passer condamnation sur le *Cid*; le Cid est un chevalier du XIe siècle; le *Cid* appartient au monde moderne; mais quel rapport les pièces dont les titres sont ou grecs ou romains peuvent-ils avoir avec notre monde d'aujourd'hui? Quel rapport, Messieurs? Ouvrez *Cinna*, et dites-moi pourquoi le grand Condé pleurait en entendant Auguste dire au chef de la conspiration découverte :

Soyons amis, Cinna, c'est moi qui t'en convie.
Comme à mon ennemi, je t'ai donné la vie,
Et malgré la fureur de ton lâche dessein,
Je te la donne encor, comme à mon assassin!

Est-ce la voix de la clémence antique, ou celle de la véritable grandeur d'âme dans tous les pays et dans tous les siècles? Un prince du XIXe siècle pense-t-il autrement qu'Auguste, lorsque, brisant les barrières de l'exil, il invite les ennemis de son pouvoir et de sa vie à renoncer à des complots impuissants, pour venir travailler avec lui à la gloire, au bonheur de la commune patrie?

Andromaque, chez Racine, n'est pas la veuve d'Hector, ni la mère d'Astyanax étudiée dans l'*Iliade* d'Homère; c'est l'épouse chétienne, fidèle jusqu'à la mort au souvenir de celui qu'elle ira rejoindre dans une autre vie (1); c'est la mère selon l'Evangile; et lorsque nous l'entendons soupirer ces paroles entrecoupées de sanglots :

Je passais jusqu'aux lieux où l'on garde mon fils.
Puisqu'une fois le jour, vous souffrez que je voie
Ce qui me reste encore et d'Hector et de Troie,
Seigneur, j'allais pleurer un moment avec lui,
Je ne l'ai point encore embrassé d'aujourd'hui.

(1) Mais enfin sur ses pas, j'irai revoir son père.

notre cœur se fond, et personne n'imagine que Troie soit en cendres depuis trois mille ans, et qu'Hector n'ait peut-être vécu que dans le poëme d'Homère.

La femme que nous entendons proférer ces plaintes éloquentes est aussi française que nous, ou plutôt elle n'est d'aucun pays, ni d'aucun siècle : elle appartient à tous les siècles, à tous les pays.

Et voilà ce qui fait que ces admirables œuvres de la tragédie française sont vraiment *nationales* ; c'est qu'avant tout elles sont humaines : c'est vraiment la vie humaine qui les anime ; leur gloire est de rester chefs-d'œuvre tant qu'il y aura des âmes assez distinguées pour les comprendre.

Cependant nos grands classiques ne se sont pas contentés de cette généralité qui soulevait déjà contre eux les critiques des gens inhabiles à saisir le véritable esprit de leurs œuvres, et trompés par l'extérieur des noms et de la mise en scène ; ils ont voulu satisfaire les plus difficiles, et leurs tentatives ont montré l'inanité des objections de ceux qui réclamaient des lors des sujets modernes ou *nationaux*. — En quoi l'époque rapprochée, en quoi les costumes turcs de Bajazet pouvaient-ils contribuer à rendre plus intéressante la peinture des passions ? Les fureurs de la jalousie dans Roxane sont-elles plus émouvantes, remuent-elles le cœur avec plus de puissance que les explosions de la colère d'Hermione ?

Entre toutes les tragédies du XVIIe siècle, il est impossible d'en trouver une plus *nationale* que cette *Athalie*, une des œuvres les plus sublimes de l'esprit humain et, à coup sûr, le chef-d'œuvre de la scène française. L'événement qui sert à l'intrigue de la pièce est séparé des spectateurs par plus de deux mille ans ; les personnages sont empruntés à une nation étrangère, et toutefois, l'âme de la tragédie est profondément moderne et *nationale*. — De quoi s'agit-il, en effet, sinon de la fameuse doctrine du trône appuyé sur l'autel, cette grande idée sur laquelle vit toute la société française, depuis Hugues Capet jusqu'en 1789 ?

Qu'il se souvienne un jour, qu'au rang de ses ancêtres,
Dieu l'a fait remonter par la main de ses prêtres ;
L'a tiré par leurs mains de l'oubli du tombeau,
Et de David éteint rallumé le flambeau !

s'écriait Joad, en montrant au peuple ce jeune prince, cet héritier légitime du sang royal, et les vers qui correspondaient si bien aux sentiments de l'auditoire leur faisaient oublier qu'il s'agissait d'une histoire et d'un peuple étrangers, et réveillaient dans leur âme l'esprit religieux et le dévouement monarchique.

Racine n'avait pu sans doute, en 1791, prévoir l'avenir de la famille royale ; mais par un heureux destin de son inspiration, ce qui n'était chez lui qu'un sentiment général devait trouver plus tard une saisissante application. Quand on entendait le grand-prêtre confier d'une voix émue la seule espérance de la nation au courage, au patriotisme des Hébreux restés fidèles :

Songez qu'en cet enfant, tout Israël réside !

les auditeurs pensaient moins à Joas (1) qu'à cet arrière petit-fils de Louis XIV, à ce dernier rejeton d'une longue race de rois, à ce jeune Louis XV, échappé comme par miracle au fatal destin qui venait de moissonner toute sa famille, et dont le frêle berceau semblait contenir toutes les destinées de la France d'Henri IV et de Saint Louis.

On s'abusa pourtant sur ce point, du temps de nos pères, comme on s'abuse encore aujourd'hui : le XVIIIe siècle, ne s'apercevant pas que le fond même des œuvres de nos grands poètes était vraiment *national*, voulut y ajouter l'intérêt de la forme moderne, et nous donner des tragédies dont l'extérieur, les faits et les personnages seraient empruntés à l'histoire de France. Qu'arriva-t-il ? C'est que malgré l'apparence, leurs

(1) *Athalie* parut sur le théâtre en 1716. Ce qui augmentait l'intérêt, c'est que le roi était à peu près de l'âge de Joas. (*Mémoires de L. Racine.*)

compositions furent moins saisissantes, moins vivantes de notre vie propre que celles où nos idées et nos passions modernes étaient enveloppées sous des aventures et des noms grecs ou romains. La tragédie de *Tancrède* (3 septembre 1760), qui devait accomplir cette révolution sur notre théâtre, s'évertuait en vain à nous présenter des chevaliers, des personnages modernes, mêlés à l'histoire de notre pays; on sentait bien qu'il n'y avait là que des paroles et des noms, *verba et voces* : les passions étaient faiblement touchées, les émotions dramatiques étaient remplacées par des tirades déclamatoires ; l'effet fut presque aussi nul que si l'auteur eût remplacé les Tancrède, les Aménaïde, les Orbassan, par les lettres de l'alphabet, et que les personnages eussent été désignés : M. A., Mme B. et Mlle Y.

Voltaire avait été mille fois mieux inspiré lorsqu'en 1743, il avait peint dans *Mérope*, avec une histoire et des noms grecs, les poignantes inquiétudes d'une mère tremblant pour le salut de son fils. Il avait été, j'ose le dire, bien plus moderne ; car il nous avait, quelque fut le nom, présenté le cœur d'une mère, et le cœur des mères n'a point varié dans le cours des âges. Peu nous importe qu'une mère s'appelle Blanche de Castille ou Mérope ; une mère pour nous, c'est la sollicitude, la tendresse, le dévouement jusqu'à la mort. C'est ce qu'on avait admiré, c'est ce qu'on applaudit encore aujourd'hui dans *Mérope*.

Jugez de mes tourments, ma détestable erreur
Ce matin, de mon fils, allait percer le cœur ;
Je pleure à vos genoux mon crime involontaire.
Cruel, vous qui vouliez lui tenir lieu de père,
Qui deviez protéger ses jours infortunés,
Le voilà devant vous, et vous l'assassinez !
Son père est mort, hélas ! par un crime funeste ;
Sauvez le fils, je puis oublier tout le reste...
Il est seul, sans défense, il est entre vos mains,
Qu'il vive, et c'est assez. Heureuse en mes misères,
Lui seul il me rendra mon époux et ses frères !...

Néanmoins, je l'avoue, il avait été plus heureux encore

en 1732 (13 août) dans un sujet où, par une chance bien rare, il avait rencontré non pas l'histoire *nationale* dans toute l'exatitude et la vérité de ses détails, mais un des sentiments, une des passions générales de notre vie moderne. Voltaire, le Voltaire que vous connaissez et qui sacrifiait volontiers aux succès littéraires les opinions du philosophe, Voltaire s'avisa qu'on pouvait tirer grand parti de l'élan religieux, de la passion chrétienne qui pendant trois cents années avaient soulevé toute l'Europe occidentale contre l'Asie; il lui sembla que l'âme des croisades pouvait donner la vie à une grande composition dramatique. Le succès immense et durable de Zaïre prouva qu'il ne s'était pas trompé.

Mon Dieu, j'ai combattu soixante ans pour la gloire ;
J'ai vu tomber ton temple, et périr ta mémoire;
Dans un cachot affreux abandonné vingt ans,
Mes larmes t'imploraient pour mes tristes enfants :
Et lorsque ma famille est par toi réunie,
Quand je trouve une fille, elle est ton ennemie!
Je suis bien malheureux... c'est ton père, c'est moi,
C'est ma seule prison qui t'a ravi ta foi.
Ma fille, tendre objet de mes dernières peines,
Songe au moins, songe au sang qui coule dans tes veines;
C'est le sang de vingt rois, tous chrétiens comme moi;
C'est le sang des héros, défenseurs de ma loi;
C'est le sang des martyrs... O fille encor trop chère!
Connais-tu ton destin? sais-tu quelle est ta mère?
Sais-tu bien qu'à l'instant que son flanc mit au jour
Ce triste et dernier fruit d'un malheureux amour,
Je la vis massacrer, par la main forcenée,
Par la main des brigands à qui tu t'es donnée?
Tes frères, ces martyrs égorgés à mes yeux,
T'ouvrent leurs bras sanglants tendus du haut des cieux.
Ton Dieu que tu trahis, ton Dieu que tu blasphèmes,
Pour toi, pour l'univers, est mort dans ces lieux mêmes,
En ces lieux où mon bras le servit tant de fois,
En ces lieux où son sang te parle par ma voix...
Tu ne saurais marcher dans cet auguste lieu,
Tu n'y peux faire un pas, sans y trouver ton Dieu;
Et tu n'y peux rester sans renier ton père,

Ton honneur qui te parle, et ton Dieu qui t'éclaire.
Je te vois, dans mes bras, et pleurer èt frémir;
Sur ton front pâlissant Dieu met le repentir:
Je vois la vérité dans ton cœur descendue;
Je retrouve ma fille après l'avoir perdue;
Et je reprends ma gloire et ma félicité,
En dérobant mon sang à l'infidélité.

Voilà, Messieurs, de la tragédie, et j'ajoute: de la tragédie *nationale*. Eh! Messieurs, l'histoire de Zaïre n'est qu'un roman: à peine si nos annales nous fournissent quelques détails sur Lusignan et sa captivité; mais ce qui n'est pas un roman, c'est ce souffle monarchique et chrétien qui inspire le vieillard en présence de sa fille tombée aux mains des ennemis de son pays et de son Dieu: c'est l'âme d'Athalie dont ici Voltaire a retrouvé quelques accents; c'est le même mouvement pathétique et ce n'est pas le nom du comte d'Ars que vous applaudissez tous les soirs aux représentations triomphantes du *Lion amoureux*.

Et certes, Voltaire se piquait bien moins ici d'être historique que dans son Adélaïde Duguesclin (1734) dont la postérité n'a conservé que le titre. Ce peu de succès n'a point découragé les imitateurs, et nous voyons reparaître par intervalles cette fausse opinion que pour être *nationale* la tragédie a besoin d'emprunter ses sujets à l'histoire de France. Buyrette de Belloy (13 février 1765) obtient un moment de vogue avec le *Siége de Calais*. L'engouement fut suivi d'un fâcheux retour, et l'ouvrage, dont l'intérêt tout factice tenait non pas au fond même, mais en quelque sorte à l'étiquette, fut décrié bientôt par ceux qui l'avaient prôné avec plus de fanatisme et d'intolérance. Le duc d'Ayen avait bien compris que l'histoire de notre pays ne suffisait pas à constituer une tragédie *nationale*. Vous n'aimez-pas cette pièce, lui disait le Roi, vous n'êtes donc pas français! — Plût au ciel, Sire, répondit le spirituel courtisan, que les vers de l'auteur le fussent autant que moi!

Bayard et *Gabrielle de Vergy* du même poète rejoignirent leur aînée dans les ténèbres de l'oubli, et le système exclusif de la tragedie *nationale* parut abandonné jusqu'à Marie-Joseph Chénier qui voulut le réhabiliter avec *Charles IX* ou l'*École des Rois*, représentée en 1790.

Le but de l'auteur est franchement accusé dans sa préface. « Il espère que les enfants puiseront dans son œuvre le goût « de notre histoire étrangement négligée dans nos colléges. « On a écrit, continua-t-il, dans ces derniers temps, quelques « tragédies sur des sujets français, mais ces pièces sont une « école de préjugés, de servitude et de mauvais style. »

Chénier n'avait pas le droit de donner une leçon si sévère à ses devanciers par cette pièce dédiée à Louis XVI :

Monarque des Français, chef d'un peuple fidèle,
Qui va des nations devenir le modèle (1).

Peut-on prétendre à s'appeler un poète *national* quand, avec des personnages qui se nomment Charles IX, Henri de Bourbon, Catherine de Médicis, l'Amiral de Coligny, le Chancelier de l'Hôpital, on prête au roi de Navarre un langage comme celui-ci :

Hier, nous commencions, d'Alençon, Guise et moi,
Ces jeux qui sembleraient réservés à l'enfance,
Où toujours agité par l'avide espérance,
Un oisif courtisan, consumant son loisir,
Perd ses biens et le temps sans trouver le plaisir.

Est-ce vraiment de l'histoire que cette Saint-Barthélemy qui

. . . . . s'éxécute aux accents de l'airain
Qui va sonner pour nous dans le temple prochain.

Est-ce la peine de déclamer contre les fureurs d'Oreste, pour prêter à Charles IX cette fade et pâle imitation des vers sublimes de Racine :

Coligny... voyez-vous cette tête sanglante ?
Loin de moi cette tête et ces flancs entr'ouverts !
Il me suit, il me presse, il m'entraîne aux enfers.

(1) Un an après la séance du Jeu de Paume.

Oh! je vous l'avoue, Messieurs, j'aime mieux que le personnage s'appelle Oreste, soit le fils d'Agamemnon et qu'il me fasse frisonner jusque dans la moelle des os en s'écriant :

Quoi! Pyrrhus, je te rencontre encore.
Trouverai-je partout un rival que j'abhorre ?
Percé de tant de coups, comment t'es-tu sauvé ?
Tiens, tiens! voilà le coup que je t'ai réservé!
Hé bien, filles d'enfer, vos mains sont-elles prêtes ?
Pour qui sont ces serpents qui sifflent sur vos têtes ?
A qui destinez-vous l'appareil qui vous suit ?
Venez-vous m'enlever dans l'éternelle nuit ?
Venez, à vos fureurs Oreste s'abandonne.
Mais non, retirez-vous, laissez faire Hermione ;
L'ingrate, mieux que vous, saura me déchirer,
Et je lui porte enfin mon cœur à dévorer. (*Andromaque*, V. 5).

En somme, des caractères effacés, un style faux, une intrigue calquée platement sur les tragédies classiques qu'on a la vaine prétention de remplacer : voilà le *Charles IX* de Marie-Joseph Chénier!

Il avait été précédé dans cette tentative infructueuse par un poète qui, du moins, avait eu pour lui le piquant du ridicule; et, s'il est vrai que tous les genres soient bons, hors le genre ennuyeux, je n'hésite pas à dire que la tragédie, de *Gaspard de Coligny*, par François de Chantelonne, gentilhomme Bordelais et chevalier de l'odre de Saint-Jean de Jérusalem, avait, sur le *Charles IX* de Chénier, l'avantage de provoquer l'hilarité.

C'est un monument curieux que j'ai retrouvé dans la Bibliothèque de Versailles, et dont l'analyse pourra nous distraire quelques moments de nos réflexions peut-être un peu trop sérieuses, et, à coup sûr, trop prolongées. La pièce est de 1575, trois ans après la Saint-Barthélemy qui, comme vous le savez, date du 24 août 1572. On ne peut reprocher à l'auteur de n'avoir pas su choisir un sujet moderne.

La liste des personnages nous révèle d'abord le caractère de la tragédie. L'admiral, Montgomery, le peuple, le roi, le conseil du roi, Briquemont, Cavagne (deux assassins), d'Andelot sortant des Enfers, Mercure, les Furies, le Délateur, un Messagier. Voilà, j'espère, un heureux mélange de la forme antique et de l'histoire *nationale.*

Ecoutez-les en scène :

L'ADMIRAL *seul.*

O Mort, ô rage, ô fer, ô Pluton, ô Furies!
Courez, accablez-moi sous vos fureurs aigries ;
O Satan, ô Calvin, ouvrez-moi les enfers
Où mes frères et toi grillez de feux divers.

Le résultat de cette riche invocation est que Gaspard de Coligny conspire avec Montgomery la mort de Charles IX. Le peuple vient chanter un chœur à l'antique :

Le sang tristement épandu
De cet excellent duc de Guise
Le rend craintif et éperdu ;
La juste plainte de l'Eglise
Incessamment son cœur harcèle
D'une punition cruelle.

Le premier acte est fini. Jamais intrigue ne fut moins compliquée.

Au deuxième acte, le roi ouvre son conseil par ce discours plein de solennité :

O toi, père Janus, qui seul entre les dieux
Peux jeter sur ton dos, comme devant, tes yeux ;
Et de ce clair Titan la lampe journalière,
N'a oncques retraçant sa brûlante carrière,
Vu Prince plus que moi tristement affligé.

Le conseil conseille la paix, et deux malandrins protestants, Briquemont et Cavagne, complotent la mort du Roi. Le peuple chante les bienfaits de la paix qui permet au berger de jouer du flageolet.

Dans l'acte III, Mercure est envoyé par Jupiter pour protéger le roi contre la trahison *Gaspardine.*

Montgomery et Pilles, furieux de la blessure de l'Amiral, complotent aussi la mort du Roi.

Toute la nature s'en mêle, et au IVe acte, d'Andelot, sorti des Enfers, nous raconte d'abord qu'il s'y trouve *fort mal à son aise, étendu dans un lit couvert de chaude braise.* Le diable lui a permis de venir faire un peu la causette avec son frère l'Admiral. Les Furies prennent part à la conversation ; cette diabolique influence pousse M. de Coligny à la mort du roi. Mais tous leurs projets seront déjoués, et, sur l'avis de ses bons conseillers, malgré l'instinct de son cœur, qui le pousse à la clémence, Charles IX résout la Saint-Barthélemy contre ces hommes qui devaient

Dès demain, avec le traître fer,
Tuer le roy, la reine, et, Messieurs, à souper.

Cet odieux massacre, qui a fourni à Voltaire tout le second chant, le plus épique à coup sûr de la *Henriade*, est vivement narré par deux vers.

Charles a gagné le devant et envoyé

Piles et l'Admiral, Pardaillan et Pinos
Et les autres coquins sous les stygiens flots.

Le peuple termine en rendant grâce à Dieu de ce généreux exploit.

Et, Messieurs, moins de cent ans après, sans avoir besoin, pour captiver les âmes, de recourir à l'histoire nationale, Corneille faisait retentir sur le théâtre les vers du *Cid*, de *Cinna*, d'*Horace*, de *Nicomède*, de *Polyeucte*. Sous ces noms étrangers vivait l'âme de son siècle et de son pays, mille fois plus énergique, mille fois mieux comprise que dans l'œuvre du sieur de Chantelonne.

Quand la salle tout entière se levait frémissante au *qu'il mourût!* du vieil Horace, était-ce un Romain que l'on applaudissait? Non, c'était le patriotisme et l'honneur qui poussait ce cri sublime, et la France l'entendait retentir à travers toute son histoire ; c'était le cri de Pavie : Tout est perdu fors l'honneur ! C'était le cri que deux cents ans plus tard on devait retrouver dans le cœur et sur les lèvres de nos braves : « La garde meurt et ne se rend pas! » Vous voyez bien, Messieurs, que les noms n'y font rien, et qu'en faisant parler avec son génie le patriotisme et l'honneur, Corneille faisait de la tragédie *nationale.*

Je le répète pourtant, Messieurs, et je ne voudrais pas poser des axiômes trop exclusifs ; il n'est pas contestable que si, dans un sujet heureusement choisi parmi les grandes époques de notre histoire, un poète de génie trouvait le moyen de traiter en beau langage les sentiments vrais, naturels, qui sont en possession de remuer profondément l'âme humaine, il ajouterait un mérite de plus au mérite de son œuvre, et que cette bonne rencontre soutiendrait, exciterait même l'attention du spectateur. Il ne faut pas condamner d'avance ceux qui cherchent dans les temps rapprochés de nous, dans les actions familières à notre mémoire, le cadre de leur tableau ; il faut payer un juste tribut d'éloges à ceux qui, comme Alexandre Soumet, ont voulu revêtir leurs conceptions dramatiques du manteau du patriotisme. Reconnaissons toutefois que l'art des beaux vers n'a pu maintenir au théâtre cette *Jeanne-d'Arc* si agréable à la solitude de l'homme de lettres. C'est que, encore une fois, l'histoire n'est qu'un cadre ; l'histoire n'est pas la tragédie elle-même, elle n'en est que la forme extérieure, la décoration. Lorsque le sujet est tiré de l'histoire *nationale*, on peut craindre même que la forme n'emporte le fond, que le décor, trop soigné dans sa vérité n'attire les yeux au détriment de l'intelligence. C'est un fait prouvé chaque jour par les œuvres de nos poètes dramatiques : la décadence de l'art est presque toujours en raison directe de la perfection de la mise en scène.

N'entamons pas toutefois cette question nouvelle qui nous entraînerait hors des limites que je me suis tracées, et permettez-moi de tirer de tout ce développement cette conclusion, que le caractère *national* se retrouve suffisamment dans les chefs-d'œuvre de nos grands tragiques, puisqu'ils sont animés de sentiments et de passions qui ne nous sont point étrangers. Ce n'est donc point pour avoir négligé d'être *nationale* que la tragédie française est tombée dans cette sorte de défaveur qu'on lui témoigne de nos jours. A cette défaveur il faut chercher d'autres causes ; qu'un plus habile se charge de ce soin. Il en est une au moins que je puis vous signaler en terminant.

Un jour, dit-on, le poète Lemierre, dans le foyer du théâtre Français, lisant aux comédiens sa tragédie de *Guillaume Tell*, cherchait des yeux et demandait une plume pour corriger quelques vers. « Ah ! Monsieur, lui dit un des auditeurs, vous feriez mieux de prendre celle de Racine. » Le conseil n'était pas poli, mais il était sincère et juste. Oui, Messieurs, pour composer de belles tragédies, de ces tragédies immortelles qui paraissent quelque fois endormies, mais qui se réveillent avec tant de splendeur quand un acteur de génie sait en réciter les grands vers, il nous manque avant tout le stylet de Corneille, ou la plume de Racine. Nous les imitons parfois, nous ne les avons pas encore remplacés. Le précieux talisman n'est pas perdu sans doute en France ; il n'est qu'égaré, et si l'on doit le retrouver un jour, pourquoi ne pas espérer, Mesdames et Messieurs, que ce sera dans la patrie de Ducis ?

www.ingramcontent.com/pod-product-compliance
Lightning Source LLC
LaVergne TN
LVHW010406240826
846091LV00020B/2817

* 9 7 8 2 0 1 3 3 7 2 1 1 4 *

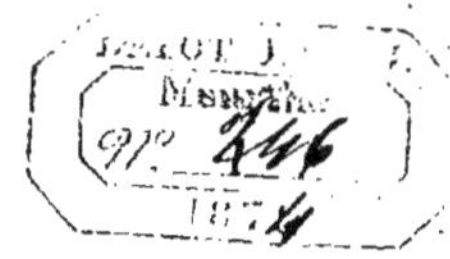

FAITS ET OBSERVATIONS

SUR LA

BRASSERIE

(SUITE)

MALTAGE PNEUMATIQUE

PAR

N. GALLAND

Directeur gérant de la Brasserie viennoise de Maxéville

Juillet 1874

BERGER-LEVRAULT ET Cie, LIBRAIRES-ÉDITEURS

PARIS
RUE DES BEAUX-ARTS, 5

NANCY
RUE JEAN-LAMOUR, 11

A STRASBOURG, CHEZ SCHULTZ & Cie, LIBRAIRES

FAITS ET OBSERVATIONS

SUR LA BRASSERIE

(SUITE)

MALTAGE PNEUMATIQUE

Je n'ai pas l'intention de m'étendre longuement sur la théorie de la germination, ni sur les différents systèmes de maltage employés dans l'industrie de la bière. Je ne pourrais d'ailleurs que répéter ce qui a été longuement écrit sur ce sujet dans les divers ouvrages que j'ai cités dans ma première brochure publiée en février dernier, et je préfère renvoyer mes lecteurs au chapitre que j'ai consacré dans cette brochure à l'orge et au maltage, principalement au point de vue de l'acide lactique. Mon programme est plus restreint, et je ne veux étudier que la fabrication du malt en général; car le nouveau système que je vais présenter s'applique à toutes les méthodes de germination, et, laissant de côté les longueurs respectives de la radicule et de la plumule qui varient selon l'appréciation des brasseurs et les bières qu'ils veulent obtenir, je ne traiterai d'aucune méthode en particulier.

Je veux cependant dire quelques mots sur un nouveau système de maltage dont on a beaucoup parlé et qui a été récemment expérimenté à Vienne. L'appareil, qui a le mérite d'occuper une surface très-restreinte, se compose de rigoles en tôle superposées qui contiennent l'orge; à époques fixes, et par un mécanisme spécial, ces rigoles déversent l'orge de l'une dans l'autre en descendant, jusqu'à ce que cette orge tombe complétement germée dans un réservoir inférieur, où on la prend pour la touraillег. Ce système de malterie, original et très-séduisant à première vue, ne m'a cependant pas paru réunir toutes les conditions générales d'un maltage régulier, ni pouvoir devenir, *en toute saison,* un instrument docile et obéissant aux exigences des brasseurs. La solution du problème doit être cherchée autrement.

Quel que soit le mode de maltage, tous les brasseurs sont unanimes pour réclamer un malt excellent *à leur point de vue.* — Or, et dans tous les cas, une des conditions indispensables de la bonté du malt, c'est l'uniformité, la *régularité* de la germination, d'où dépend en grande partie la régularité de la bière fabriquée, et c'est vers ce but que tendent les efforts des brasseurs. Mais, malgré tous leurs soins, malgré des pelletages fréquents et intelligemment dirigés, le malt obtenu par les méthodes actuelles n'a pas encore cette régularité tant désirée. Il varie non-seulement dans une même couche, mais surtout, et sans qu'on puisse l'empêcher, *d'un mois à l'autre;* et le malt fabriqué en septembre ou octobre ne ressemble pas du tout au malt de mars. — C'est pour atténuer cette inégalité que les malteurs sont obligés d'arrêter le maltage au mois de mai pour le reprendre seulement au mois de septembre, car les quatre mois intermédiaires, avec leur température excessive, exaltent la germination outre mesure et produisent un malt échauffé, contenant beaucoup d'acide lactique[1]. C'est donc quatre mois de perdus et une surface de germoirs mal utilisée,

1. J'ai donné dans ma première brochure, page 21, quelques résultats comparatifs sur la teneur en acide lactique.

puisqu'elle ne fournit que les deux tiers de ce qu'elle devrait produire.

Le *desideratum* serait de pouvoir germer *toute l'année* dans des conditions toujours identiques et réglables à la volonté du malteur, de manière à obtenir, depuis le 1er janvier jusqu'au 31 décembre, un malt régulier et de bonne qualité. — Pour cela que faut-il? *Il suffit d'établir et de maintenir pendant toute l'année les circonstances favorables à la germination du malt moyen que l'on veut obtenir.* — Pour la bière, on ne fait pas autrement, on maintient dans les caves de fermentation et de garde la température nécessaire au type de fabrication. — Pourquoi ne pas suivre la même règle pour le malt? Le principe est évidemment le même. Il est logique et tout naturel de l'appliquer à cette partie si importante de la fabrication de la bière.

Examinons donc quelles sont les circonstances qui sont nécessaires au maltage, et qu'il s'agirait de *fixer* d'une manière invariable en toute saison.

Trois éléments doivent apporter leur concours essentiel à la germination :

1° L'eau,

2° L'air,

3° La chaleur.

Chacun d'eux joue un rôle bien déterminé et tel que les deux autres ne peuvent, sans lui, exciter dans la graine la vie végétative.

1° *Eau*. — Avant d'être portée au germoir, l'orge doit être *trempée*. — L'eau est indispensable pour gonfler, pour ramollir la graine et faciliter la percée de la radicule, en même temps que pour lui faire absorber l'humidité nécessaire à l'activité chimique. — Il existe différents modes de trempage, dont j'ai dit quelques mots dans ma première brochure. Il serait bon d'adopter ceux qui dissolvent le moins des principes solubles *utiles* de l'orge, dextrine, glucose et certains sels, principes soigneusement élaborés par la nature, et qu'une durée trop longue du trempage a l'inconvénient de dissoudre[1]. Cette perte atteint jusqu'à 1,5 et même 2 p. °/₀ du poids de l'orge.

D'autre part, lorsque la quantité d'eau absorbée est insuffisante, ou lorsque les grains sont desséchés par un air trop sec, la germination languit et la radicule s'amaigrit, s'étiole. — Or, les pelletages répétés auxquels on est obligé de soumettre l'orge ont précisément l'inconvénient de la dessécher en la mettant en contact avec une atmsophère qui absorbe son humidité.

Pour remédier à ces deux inconvénients, certaines brasseries du continent pratiquent le système de l'arrosage des couches en germination. Mais la plupart des brasseurs repoussent autant que possible, et avec raison, ce palliatif *apparent*, car cette hydratation *périodique* de l'orge ne peut produire qu'un malt fort inégal.

2° *Air.* — L'acte de la germination se traduit par une absorption constante d'oxygène et par sa combinaison avec le carbone de la plante; il se forme de l'acide carbonique qui se dégage, et comme dans toute union chimique de deux corps, cette combinaison est accompagnée de chaleur très-sensible. Les gaz tels que l'azote, l'acide carbonique, l'hydrogène, etc., qui ne renferment pas d'oxygène ou dont l'oxygène est combiné chimiquement, sont, par suite, impropres à la germination; les graines ne peuvent s'y développer et ne tardent pas à y pourrir.

1. Il est probable que ces principes sont préparés par la nature, qui ne fait rien d'inutile, en vue d'un but à remplir, et qu'ils doivent servir à la nourriture de la jeune plante : aussi je pense qu'on devrait donner tous ses soins à les conserver.

L'oxygène pur, au contraire, par l'excès même de sa faculté vitale, devient irrespirable aux végétaux aussi bien qu'aux animaux; il exalte au plus haut point la respiration aux dépens même des êtres organisés qui meurent dévorés par une combustion trop rapide. *L'air seul*, mélange d'oxygène et d'azote, où celui-ci modère l'énergie du premier, est le gaz le plus propre à la germination. Dans les circonstances actuelles du maltage, sur des surfaces *pleines*, l'acide carbonique, qui est de beaucoup plus lourd que l'air, ne tarde pas à déplacer celui-ci et à *noyer* complétement les couches d'orge dans une atmosphère inerte. D'où résulte la nécessité de remuer assez souvent les grains à grands jets de pelle pour les aérer et chasser l'acide carbonique. Ce pelletage renouvelé a un autre but, celui de modérer et de répartir uniformément la chaleur dans les couches dont la température atteint son maximum au centre; car dans la partie inférieure les grains sont rafraîchis par le sol et, en outre, enveloppés d'acide carbonique qui ralentit ou arrête leur germination, et dans la partie supérieure ils sont rafraîchis par l'air ambiant. Dans la partie moyenne, au contraire, la température arrive à dépasser de 10 à 15° celle de l'atmosphère environnante. Je n'ai pas besoin de faire ressortir quelle doit être l'irrégularité d'un malt soumis à de pareilles alternatives de ralentissement et d'échauffement, et j'indiquerai plus loin le moyen d'y remédier. Jusqu'à présent, nous n'avons vu que des causes d'irrégularité dans les procédés actuels du maltage. Nous allons en retrouver d'autres encore dans le dernier élément dont j'ai à parler.

3° *Chaleur.* — La température nécessaire à la germination ne peut descendre plus bas que 6 ou 8 degrés centigrades. Au-dessous de 5 degrés, la germination se ralentit, elle est presque entièrement suspendue, et à 0° elle est complétement arrêtée. La meilleure température pour les germoirs est celle de 10 à 12° qui donne, par une germination assez lente, les meilleurs résultats, pourvu qu'on ne laisse pas la température intérieure des couches monter à plus de 16 degrés centigrades. Le mois de mars est le mois qui remplit le mieux cette condition et qui donne le meilleur malt. Mais la température convenable ne peut être maintenue que par des pelletages fréquemment répétés, surtout dans les mois de septembre, d'octobre et de mai, où l'on est en outre obligé de diminuer l'épaisseur des couches.

J'ai déjà montré combien ces alternatives étaient préjudiciables à la qualité et à l'égalité du malt, et influaient sur la production de l'acide lactique. Je n'ai pas besoin de m'étendre plus longuement sur ce fait.

Pour me résumer brièvement, je constate que dans les procédés actuels de maltage, le malteur est complétement subordonné à l'influence atmosphérique et *dominé* par des éléments dont il est obligé de suivre les variations. Je prétends, suivant la logique et la raison, que le malteur, au lieu d'être esclave, doit être *maître,* qu'il doit assujettir à lui les éléments, et que, semblable au brasseur qui met l'hiver en cave, il doit *emmagasiner le mois de mars dans ses germoirs.*

Une autre considération m'avait frappé depuis longtemps : c'est la *main-d'œuvre considérable, spéciale* et *chère,* ainsi que *l'immensité des surfaces* qui sont exigées par le maltage, et je me demandais s'il ne serait pas possible de les réduire à leur minimum en laissant les couches en repos et en augmentant leur épaisseur.

Quelles sont en effet les conditions essentielles pour cela? — *Il faut faire traverser d'une manière continue les couches d'orge par un courant d'air à température constante et saturé d'humidité.* Le courant dont on doit pouvoir régler à volonté l'intensité et la température, entraîne par son mouvement descensionnel l'acide carbonique, alimente la respiration et rafraîchit les grains sans les dessécher.

Une des conséquences avantageuses de l'air saturé d'humidité sera de permettre un trempage beaucoup moins prolongé de l'orge, et par suite de conserver dans celle-ci une partie des principes utiles que des trempes nombreuses finissent par lui enlever.

Maintenant que je crois avoir bien clairement exposé les principes de la germination, il me reste à décrire l'appareil auquel, après bien des essais, je me suis arrêté pour arriver à l'application pratique de ces mêmes principes, et réaliser par ce fait un progrès très-considérable, sous bien des rapports, dans la malterie et la brasserie.

Description du système.

La planche jointe à la brochure indique assez clairement la disposition et les détails pour m'éviter bien des explications superflues.

La malterie, construite en maçonnerie enduite de ciment, et autant que possible en sous-sol, est distribuée en compartiments clos et voûtés ou *germoirs,* V. Pour fixer les idées, prenons un exemple et supposons que la durée du maltage doive être de 10 jours, et que la température de l'air doive être de 12 degrés. La malterie est alors divisée en 12 germoirs, de manière à avoir largement un germoir libre par jour. Les germoirs sont disposés de chaque côté de l'axe du bâtiment entre une galerie centrale, D, et une galerie extrême, F; ils ont, dans la figure, 5 mètres de long sur 4 mètres de large, et leur plancher est une tôle perforée posée sur des fers et sur laquelle on étale les couches d'orge préalablement bien trempée. Ils communiquent par les ouvertures E avec la galerie D qui distribue l'air frais, et par les ouvertures G avec les galeries F qui recueillent l'air utilisé. Ces ouvertures sont munies de volets, R, qui, fonctionnant dans l'intervalle laissé entre les murs T, et les murettes S, permettent d'établir *à volonté* la circulation de l'air, *de haut en bas, ou de bas en haut,* à travers les couches.

L'air des galeries F se réunit dans la cheminée H, où il est aspiré par un ventilateur, I, situé à l'étage supérieur. Le dessin indique également la disposition des cuves à tremper, O, et la manutention de l'orge par les trappes, P, à l'aide de paniers et de wagonnets.

Nous voyons en A, A, deux tours remplies de coke ou de tout autre corps offrant une grande surface; c'est ce que j'appelle les *saturateurs.* Elles sont destinées à rafraîchir, à saturer d'humidité l'air qui doit traverser les couches et à condenser l'acide carbonique qu'il contient. A cet effet, un tourniquet hydraulique, B, alimenté par un réservoir, C, disperse de l'eau froide dans chaque tour, sur toute la surface du coke. L'eau est recueillie en bas, dans un puisard où elle est aspirée au fur et à mesure par une pompe. Comme nous avons admis que l'air devait avoir une température de 12°, celle de l'eau devra être de 11 à 12 degrés au plus. Un grand nombre de puits peuvent fournir de l'eau à cette température, et même plus basse, surtout dans les saisons fraîches; dans le cas contraire, il faudrait recourir aux moyens de réfrigération que j'indiquerai plus loin. L'air arrivant dans les chambres UU, en avant des tours, y rencontre deux *pulvérisateurs d'eau* qui ont pour effet de le saturer très-rapidement, pénètre par trois ouvertures, X, dans chaque tour, traverse le coke de bas en haut, à l'inverse de l'eau, se refroidit à la température voulue, et achève de se saturer, s'il ne l'est pas déjà entièrement; puis, aspiré par le ventilateur, il s'échappe par l'ouverture X dans la galerie centrale D, d'où il se distribue aux germoirs.

L'épaisseur des couches peut atteindre jusqu'à 50 centimètres. Dans mes essais, je l'ai fait varier de 30 à 50 centimètres, et je n'ai pas constaté de différence sensible dans les résultats. Si nous admettons une moyenne de 40 centimètres, nous pourrons charger par mètre carré de germoir, 250 kilog. d'orge, supposés non trempés, soit 5,000 kilog. ou 50 sacs d'orge par jour et par germoir. La malterie entière pourra par suite suffire au maltage de 21,900 sacs d'orge par an.

J'ai parlé plus haut du *renversement du courant d'air*, à l'aide des volets R. J'ai été conduit à opérer cette manœuvre alternative par l'épaisseur même des couches, afin d'assurer dans toute la masse l'égalité de température. La circulation de haut en bas, produisant plus efficacement l'entraînement de l'acide carbonique, doit être maintenue plus longtemps que la circulation inverse, dans la proportion, par exemple, de deux heures de circulation descendante pour une heure de circulation ascendante.

Je dois faire remarquer que pour combattre l'échauffement des grains, il faut des volumes d'air considérables; dans la malterie que j'ai installée à Maxéville, j'ai adopté un volume de 2 mètres cubes et demi d'air par mètre carré de germoir ou par 250 kilog. d'orge, *à la minute*, soit 50 mètres cubes par germoir ou 600 mètres cubes pour les 12 germoirs : 10 mètres cubes à la seconde. Ce chiffre n'a rien d'effrayant, car les ventilateurs se chargent aisément d'évacuer un pareil volume. Mais la méthode deviendrait assez coûteuse en eau froide, pendant les mois d'été, s'il fallait renouveler et refroidir à chaque instant cette masse d'air tout entière. Fort heureusement cela n'est pas nécessaire, et le même air qui a déjà servi peut encore être utilisé en très-grande partie, car une très-faible proportion de cet air a cédé son oxygène aux grains, et le volume total n'est vicié que par une infime quantité d'acide carbonique. Jusqu'à ce que des expériences plus concluantes viennent fournir des chiffres plus exacts, celles que j'ai faites jusqu'ici me portent à croire que l'air qui traverse les couches n'y laisse pas un vingtième de son oxygène. Il est donc naturel d'utiliser de nouveau et d'une manière continue les 19/20 de l'air qui a déjà servi, et lui fournir seulement 1/20 d'air neuf, plus ou moins, selon les exigences de la pratique.

C'est donc une économie considérable sur la quantité d'eau froide que l'on serait obligé de consommer pendant les mois d'été, en dehors de celle déjà grande nécessaire pour combattre l'échauffement naturel des couches.

Le dessin indique la disposition qui permet d'obtenir ce résultat : le ventilateur I possède deux orifices de sortie, l'un, M, qui refoule l'air dans la malterie, l'autre, N, qui le rejette au dehors. En réglant convenablement ce dernier, et en ménageant un accès proportionnel de l'air extérieur, il est très-facile *d'entretenir* l'air tel que je viens de l'indiquer.

Il me reste à dire quelques mots sur la quantité de froid nécessaire pour maintenir à 10 ou 12 degrés l'air qui doit servir à la respiration des couches et combattre leur échauffement, ainsi que sur la force mécanique employée à le mettre en mouvement.

J'estime, sauf infirmation ultérieure, que 100 kilog. d'orge en germination dégagent, par heure, environ 25 calories, soit $25 \times 50 \times 240 = 300,000$ calories par germoir et pendant 10 jours. — Ce serait donc au maximum 360,000 calories qu'il faudrait combattre *journellement* dans une malterie travaillant 60 sacs.

L'eau froide, employée comme je l'ai indiqué plus haut, dans les saturateurs A, est le seul moyen pratique pour remplir le double but du refroidissement et de la saturation de l'air. — Pendant huit mois de l'année, il est facile partout d'avoir de l'eau suffisamment refroidie, même en utilisant plusieurs fois la même eau, dans le cas où les sources de l'usine ne suffiraient pas. Les moyens de refroidissement, qui consistent à faire circuler l'eau à l'air, sont alors bien simples et bien connus.

Pendant les quatre mois chauds, si le puits de l'usine peut donner de l'eau froide en quantité suffisante (et c'est là le cas le plus ordinaire), le problème est tout résolu. Sinon, il faudra recourir au refroidissement artificiel et employer journellement pour un maltage de 60 sacs, soit 3,000 à 4,000 kilog. de glace, soit leur équivalent en eau rafraîchie par les moyens déjà connus ou par ceux que la science découvrira très-incessamment, parce qu'elle s'occupe sérieusement de cette question.

Au premier abord, on peut supposer qu'une dépense journalière de 30 à 40 francs de glace, pendant 3 à 4 mois, serait considérable. Mais on ne tarde pas à l'accepter lorsqu'on prend en considération les avantages incontestables du système qui compensent largement ces frais.

Quant à la force motrice nécessaire pour mettre l'air en mouvement, elle sera de 10 à 12 chevaux pour une malterie de 60 sacs par jour. — Mais, comme je l'ai indiqué dans ma première brochure, la vapeur d'échappement de la machine sera entièrement utilisée dans le séchage du malt, ce qui réduit de beaucoup l'importance de la dépense de combustible.

Le nouveau système que je propose sera mis en expérience, sur une échelle de 60 sacs par jour, dès les premiers jours du mois d'août prochain, dans la brasserie de Maxéville; il fonctionnera donc pendant les jours si redoutés des malteurs.

Les avantages qu'il réalise sont très-considérables.

1° *La surface des germoirs est réduite des 4/5.* — Outre la grande diminution des frais d'installation, la faculté d'occuper une surface moindre pour le même travail laisse beaucoup plus de latitude dans le choix des localités, soit par rapport à l'eau, soit par rapport au raccordement avec les voies ferrées, au logement des ouvriers, à la facilité de la main-d'œuvre, etc.

2° *La main-d'œuvre est diminuée de moitié,* elle est *constante* toute l'année et devient *indépendante d'ouvriers spéciaux,* avantage énorme dans les pays où elle est coûteuse et exigeante. Il ne faut plus que deux surveillants, un de jour et un de nuit. Tout l'ouvrage est fait par les manœuvres les plus ordinaires, et par une machine qui fait mouvoir le ventilateur, la pompe à eau et les élévateurs.

3° *La germination se fait avec une régularité absolue pendant les 12 mois de l'année,* ce qui donne une qualité constante du malt et une marche permanente de l'usine, d'où résulte une diminution sensible du capital de roulement.

4° *Aucun grain n'est plus mutilé pendant les opérations du maltage,* et ce fait seul est de grande importance; car les grains cassés soit par la pelle, soit par la chaussure des ouvriers, ne tardent pas à pourrir en se couvrant de moisissures verdâtres et sont tout à fait préjudiciables à la qualité du produit ultérieur.

En résumé, dans cette méthode où la température et l'état

hygrométrique de l'air sont fixés d'une manière invariable, la qualité du malt est absolument régulière, j'estime que le compte général de fabrication est diminué de plus de 30 p. %, et j'ai toute confiance dans l'avenir qui est réservé au *maltage pneumatique* dont le nom, bizarre au premier abord, est justifié par le système même de circulation forcée de l'air à l'aide d'une machine à air (*pneumatique*) quelconque. Les malteries, en Europe seulement, produisent, tant pour la brasserie que pour la distillerie, plus de 50,000,000 de quintaux métriques de malt, qui représentent une valeur approximative de 1,500,000,000 de francs. Cette industrie est donc très-importante.

Nancy. — Imp. Berger-Levrault et Cie.

MALTAGE PNEUMATIQUE

Système N. GALLAND Breveté S.G.D.G.

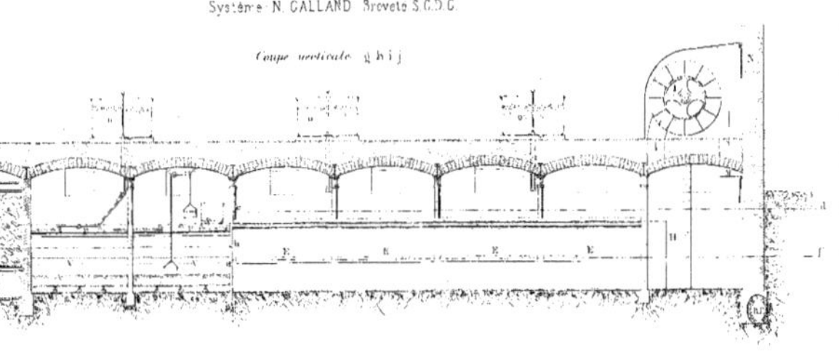

LEGENDE

A A Tours de saturation remplies de coke.
Cokethürme zur Herstellung feuchter Luft
Saturating cylinders filled with coke.

B Tourniquet déversant de l'eau froide sur le coke de chaque tour.
Drehkreuz um kaltes Wasser auf die coke zu vertheilen
Scotch-cross for distributing cold water upon the coke.

C. Réservoir d'eau froide, alimentant chaque tourniquet
Kaltwasser-Reservoir für die beiden Drehkreuze
Tank of cold water for the two scotch-crosses.

D Galerie distribuant l'air frais aux germoirs V.
Gang zur Vertheilung kühler Luft auf die Keimboden V
Gallery distributing cool air into the maltfloors V.

E E. Ouvertures d'entrée de l'air, munies de volets R qui règlent la circulation
Öffnungen zum Eintritte der Luft versehen mit Ventilklappen R welche die Circulation regeln.
Apertures for the entrance of the air, furnished with valveplates R regulating the circulation

F F Galerie recevant, par les ouvertures G, l'air qui a traversé les germoirs
Gang zur Aufnahme der Luft, welche die Keimboden passirte, durch die Öffnungen G
Galleries receiving, by the apertures G, the air which has passed over the maltfloors.

H. Cheminée de l'aspirateur
Schlauch zum Aspirator
Conduit to the exhauster

I. Ventilateur aspirant l'air et le refoulant en partie dans la salle par l'ouverture M, en partie au-dehors par l'ouverture N
Ventilator die Luft saugend und dieselbe ausstossend theils in die Malzerei durch die Öffnung M theils ins Freie durch die Öffnung N.
Ventilator aspirating the air and expelling it, partly into the maltinghouse by the aperture M, partly into the open air by the aperture N.

O O. Cuves à tremper
Weichkufen.
Soaking vats.

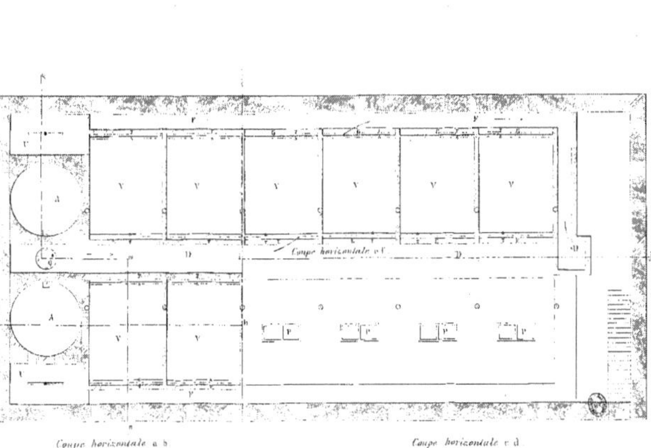

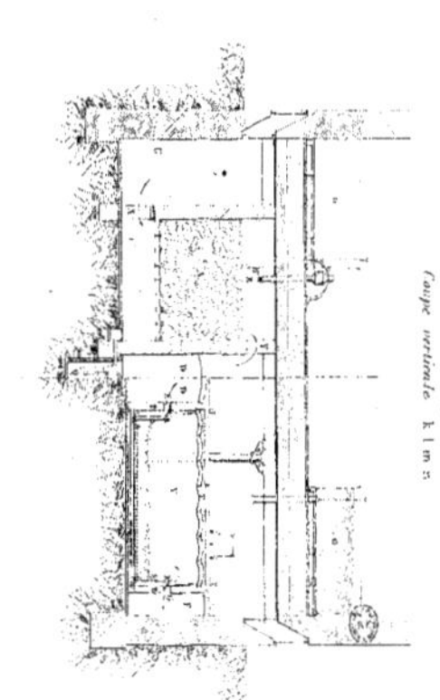

Coupe horizontale a b

Coupe horizontale c d

En vente :

FAITS ET OBSERVATIONS
SUR LA BRASSERIE

SUIVIS DE LA DESCRIPTION

D'UN NOUVEAU PROCÉDÉ DE FABRICATION

PAR

N. GALLAND

Directeur gérant de la Brasserie viennoise de Maxéville

1er Fascicule. — Février 1874

Nancy, imp. Berger-Levrault et Cie.

www.ingramcontent.com/pod-product-compliance
Lightning Source LLC
LaVergne TN
LVHW020454230826
846091LV00008BA/3195

* 9 7 8 2 0 1 3 5 5 3 4 7 6 *